PROTECTORAT DE LA RÉPUBLIQUE FRANÇAISE AU MAROC

DIRECTION DES AFFAIRES INDIGÈNES

ET DU

SERVICE DES RENSEIGNEMENTS

Cours des Affaires Indigènes

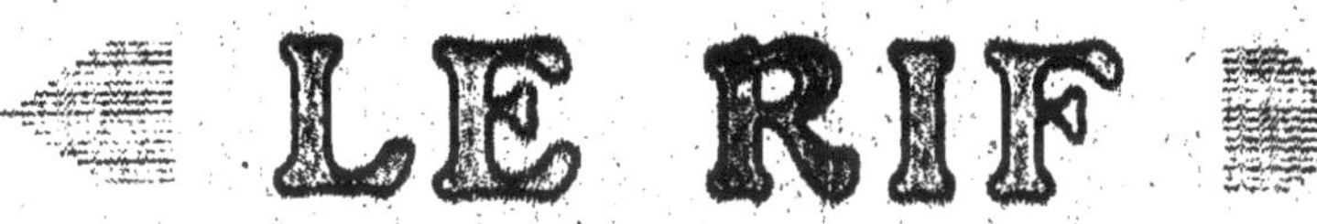

LE RIF

Conférence faite au Cours des Affaires Indigènes

par M. MICHAUX-BELLAIRE

Chef de la Section Sociologique de la Direction des Affaires Indigènes et du Service des Renseignements

1925

ERRATA

		Au lieu de :	Lire.
p. 8,	ligne 33 :	Cette région n'a jamais eu	Cette région ait jamais eu.
» 11	» 22 :	El-Neser.	En-Neser.
» 13	» 13 :	Maraz.	Marza.
» 22	» 11 :	nomma son fils, Moulay Ali son khalifa, à Fès, ...	nomma son fils Moulay Ali, son khalifa à Fès, . . .
» 26	» 26 :	Prosper Corne.	Prosper Corue.
» 29	» 39 :	Allaouïa	Aliouia.

PROTECTORAT DE LA RÉPUBLIQUE FRANÇAISE AU MAROC

DIRECTION DES AFFAIRES INDIGÈNES

ET DU

SERVICE DES RENSEIGNEMENTS

Cours des Affaires Indigènes

LE RIF

Conférence faite au Cours des Affaires Indigènes

par M. MICHAUX-BELLAIRE

Chef de la Section Sociologique de la Direction des Affaires Indigènes et du Service des Renseignements

1925

On parle beaucoup du Rif depuis quelques années et quoiqu'il ne soit pas chez nous, il n'en est pas moins au Maroc ; il lui appartient non seulement au point de vue géographique, mais au point de vue politique, et en dépend peut-être plus encore au point de vue économique.

Cependant des ouvrages spécialisés dans les choses marocaines considèrent quelquefois le Rif comme une région séparée du reste du Maroc, ayant de tout temps échappé à l'autorité des Sultans. Devant les tendances séparatistes qui essayent de se manifester à l'abri des circonstances actuelles, pour servir des intérêts souvent contradictoires, il peut être utile de remettre les choses au point en revoyant rapidement l'histoire du Rif.

Sans doute, l'organisation du Rif n'a jamais eu la régularité que nous avons l'habitude de trouver dans l'administration d'une province ou d'un département ; mais on peut en dire autant de la plupart des régions du Maroc. Le travail de centralisation entrepris il y a des siècles et poursuivi péniblement par les dynasties successives n'était pas parvenu à constituer un Etat répondant à notre conception moderne ; c'est d'ailleurs cette impuissance du Makhzen à établir son autorité effective dans toutes les régions de l'Empire qui a autorisé notre intervention et l'établissement du régime de Protectorat. Mais cette impuissance elle-même n'était que relative et ne permettait pas de dire que certaines régions du Maroc constituaient dans leur anarchie des Etats indépendants, ni que l'Empire du Maroc, avec lequel l'Europe traite depuis des siècles, n'était qu'une expression diplomatique ne répondant à aucune réalité politique.

Avant de nous occuper du côté historique du Rif il semble nécessaire de situer exactement cette région et d'en fixer les limites dans la mesure du possible. Il semble, en effet, que l'on n'a jamais pu jusqu'à présent se mettre absolument d'accord à ce sujet.

Le mot Rif n'est pas un nom de tribu ni un nom de peuple : il sert à désigner le bord ou la bordure de quelque chose. Dans un campement, par exemple, il désigne les tentes de la bordure extérieure qui entoure le camp : on dit « le Rif » de la Mehalla. Dans l'organisation des mehallas chérifiennes, le centre était réservé aux troupes du guich qui entouraient les tentes du Sultan et l'Afrag ; le Rif, c'est-à-dire la bordure, était formé des contingents fournis par les tribus de Naïba.

Le sens exact du mot Rif semble d'ailleurs varier selon les pays. En arabe d'Arabie, Rif signifie région fertile, par opposition au désert. En Égypte, le mot Rif s'applique aux bords du Nil. Au Maroc, ce mot est employé spécialement pour désigner une certaine région au bord de la Méditerranée, mais sans que l'idée de fertilité paraisse y être attachée. Strictement, le mot Rif ne devrait donc s'appliquer qu'aux tribus qui se trouvent directement sur la Méditerranée et à toutes ces tribus. Par extension il s'est étendu à toutes celles qui se sont trouvées dans la dépendance des tribus en bordure de la mer et, d'autre part, toutes les tribus qui sont en bordure de la Méditerranée ne font partie du Rif. Ce mot, qui est une expression géographique, a pris pour ainsi dire un sens politique pour désigner certaines tribus riveraines de la Méditerranée. Là encore, comme pour la plupart des choses marocaines, il est impossible de trouver des précisions absolues. Les limites du Rif, tant en longueur qu'en profondeur, ont varié selon les époques, selon les migrations des tribus, leur groupement, leur dispersion. Les luttes entre elles des différentes dynasties, en provoquant des mouvements et des déplacements de tribus, selon qu'elles prenaient parti pour les Omeïades d'Andalousie ou pour les Fatimites d'Égypte, et plus tard pour les dynasties locales elles-mêmes, ont fréquemment modifié les limites politiques de la région géographique connue sous le nom de Rif.

Ce qui complique encore les choses, c'est qu'il y a eu certainement confusion dans plusieurs auteurs arabes eux-mêmes entre le Rif et la grande tribu berbère des Ghomara qui a occupé à une certaine époque, si ce n'est tout le Rif, au moins une partie de cette région. Il en résulte que le Rif est souvent confondu avec les Ghomara et que toutes les tribus ghomariennes, qui ne sont cependant pas rifaines, sont quelquefois considérées comme faisant partie du Rif.

Il suffira pour s'en rendre compte de voir ce que disent à ce sujet les principaux de ces auteurs :

Le terme Rif ne se trouve pas dans Ibn Haoucal, qui écrivait au xe siècle de notre ère.

Bekri, qui écrivait au xie siècle, ne parle pas du Rif, quoiqu'il cite les noms des villes qui se trouvent dans cette région et des tribus qui la composent : faut-il en conclure qu'à cette époque le mot Rif n'était pas encore employé. On peut penser que l'usage de ce mot, pris dans le sens pour ainsi dire militaire qui lui est donné, comme nous l'avons vu, dans les campements des armées, date de l'époque où les ports de la côte méditerranéenne du Maroc ont été l'objet de fréquentes attaques de la part des Chrétiens d'Espagne. Le mot Rif serait pris dans le sens de ligne de défense, de boulevard de l'Islam contre la Chrétienté. C'est ainsi que certains ports de cette région, tels que Badis et Ghassaça, où les navires de Venise venaient faire des échanges de marchandises, furent fermés au commerce et transformés en ports de pirates et organisés pour la défense des côtes contre les incursions des Espagnols. Des transactions commerciales ont dû cependant se faire par certains de ces ports sous les Mérinides, ainsi qu'on le verra plus loin.

En parlant des Ghomara, Bekri leur donne comme limites à l'ouest, le « Nahr Ilian », qui est encore connu aujourd'hui dans l'Andjera, entre Tanger et El Qçar Eç-Ceghir, sous le nom de oued Alian et à l'est Tiguisas. Il semble que ce n'est qu'à partir du règne des Mérinides que le terme de Rif est employé pour désigner une certaine région du Nord marocain. On le trouve dans un manuscrit du xive siècle d'Abdelhaqq El-Badisi sur les Saints du Rif et intitulé : « El Maqçad Ech-Cherif oua El-Minza El-Latif fi dhikr çoulahat Er Rif ». L'auteur appelle Rif toute la région qui s'étend de Ceuta à Tlemcen. Le Raoudh El Qirtas, qui date de la même époque, parle également du Rif à propos des conquêtes de Yousouf ben Tachfin depuis le Rif jusqu'à Tanger, en 1067, et de la conquête par le même Sultan, en 1080, des villes d'Aguercif, de Melilla et de Nekour, ainsi que de tous les pays du Rif. L'auteur semble bien faire la différence entre les Ghomara et le Rif, tandis qu'Ibn Khaldoun, qui écrivait au xve siècle, paraît les confondre au moins en partie : « Les Ghomara, dit-il, habitent les montagnes du Rif, région qui borde la Méditerranée ; leur pays a une longueur de plus de cinq journées, depuis Ghassaça, au nord des plaines du Maghrib, jusqu'à Tanger, et il renferme ces villes, ainsi que Nokour, Badis, Tikisas, Tetouan, Ceuta et El-Casr Eç-Ceghir. La largeur de ce territoire est aussi de cinq journées, depuis la mer jusqu'aux plaines qui avoisinent Casr-Ketama (El-Qçar El-Kebir) et la rivière Ouargha ». On a bien le sentiment d'une certaine confusion entre le Rif et les Ghomara. Cette confusion est peut-être encore plus marquée dans Léon l'Africain, qui écrivait à la fin du xve et au commencement du xvie siècle. Voici ce qu'il dit à propos du Rif : « C'est une région du royaume de Fès qui s'étend en longueur des colonnes d'Hercule au fleuve Nekour et, en profondeur, de la Méditerranée aux montagnes voisines de l'Ouargha. C'est un pays scabreux et plein de montagnes très froides, là où il y a plusieurs boys hauz et droits ; mais il n'y a nuls grains. Néantmoins il y a assés vignes, oliviers, figuiers et amendiers. Les habitants sont gens fort courageux et vaillants, mais ils se tiennent mal en ordre et se chargent volontiers de vin. Là se trouvent peu d'animaux, sinon chèvres, ânes et singes qui sont en assez grande quantité dans la montagne ». Marmol répète à peu de chose près ce que dit Léon et il ajoute que les habitants « sont tous de la tribu des Gomères », c'est-à-dire des Ghomara.

On peut déduire de toutes ces confusions et de toutes ces contradictions que la région connue actuellement sous le nom de Rif s'étendait effectivement à l'est des Ghomara, mais que, d'une part, le nom de Rif a été souvent appliqué aux Ghomara et que d'autre part les mêmes Ghomara se sont, à une certaine époque, étendus plus loin vers l'est qu'ils ne le font aujourd'hui. On en trouve une preuve manifeste dans la dénomination du petit îlot espagnol, le Peñon de Velez de la Gomera, en arabe, Hadjar Badis El Ghomara, situé en face de l'ancienne ville aujourd'hui détruite de Badis. Il est donc certain qu'à une certaine époque les Ghomara s'étendaient jusqu'à Badis. D'après Idrisi cette ville était leur extrême limite à l'est ; Léon l'Africain, qui écrivait trois siècles plus tard, place Badis dans le Rif dont il indique la limite orientale à l'oued Nekour. Il y a donc tout lieu de penser que la région du Rif a été, à travers les siècles, disputée par les différentes tribus berbères et que les Ghomara, après avoir avancé vers l'est, ont été ensuite repoussés vers l'ouest par les Cenhadja venus du Sud, et par les Zenata, venus de l'est, jusque dans les territoires qu'ils occupent actuellement et qui sont à l'ouest de Badis. La population rifaine actuelle est en grande majorité composée, en effet, de Cenhadja et de Zenata, et les Rifains d'aujourd'hui ont toujours une tendance à refouler les Ghomara vers l'ouest et à s'étendre au sud, jusqu'à l'Ouargha, ou tout au moins à les envahir, à les pénétrer, à les dominer. Les Rifains ont d'ailleurs toujours cherché à déborder sur leurs voisins, à les soumettre à une sorte de vassalité et à leur faire payer tribut. Cela rend assez difficile la délimitation exacte du territoire du Rif, l'influence rifaine s'étendant plus ou moins loin selon les possibilités et beaucoup de tribus, qui appartiennent en réalité aux Djebala, étant souvent considérées comme des tribus rifaines parce qu'elles se sont trouvées dans la dépendance du Rif. On a encore aujourd'hui un exemple de cette situation par les prétentions des Rifains sur certaines tribus du Haut Ouargha ; ces tribus ne font certainement pas partie du Rif, mais elles lui sont nécessaires et il avait pris l'habitude de les exploiter à son profit et d'en retirer une partie de son alimentation et même d'y recueillir des impôts. On peut dire que, sans faire partie du Rif, ces tribus y ont été quelquefois inféodées, quand l'autorité du Makhzen était impuissante à s'exercer sur le Rif lui-même et sur les régions avoisinantes.

D'une façon générale, on considère plus spécialement comme vraiment rifaines les tribus du nord de l'Ouargha qui ne parlent pas arabe.

On peut se rendre compte en lisant la *Description de l'Afrique septentrionale*, d'El Bekri, qu'au xie siècle de notre ère la plupart des tribus se trouvaient aux mêmes emplacements qu'elles occupent encore aujourd'hui. C'est ainsi que l'on trouve déjà à cette époque les Temçaman, les Baqqouïa, les Gzennaïa, les Beni Ouriaghel, les Kebdana, les Mernisa, les Mestassa, les Beni Itteft, les rivières Nekour et El Ghir, la montagne de Dar Oufadis, le cap *Ras Hourk*, qui est devenu en espagnol le cap Tres Forcas, au nord de la presqu'île de Melilla. Plusieurs localités, dont les noms de quelques-unes seuls subsistent encore avec quelquefois des ruines, sont également citées par Bekri, telles quel Badis, Ialich, El-Mezemma, Melilla.

A propos de Melilla, il peut être intéressant de remarquer que Léon l'Africain ne place pas cette ville dans le Rif, mais dans le Garet. De même dans une *Relation du Siège de Melilla en 1715*, publiée par le comte des Allois, général français au service de Philippe V qui défendait la ville, Melilla est appelée : une ville située sur la côte septentrionale d'Afrique, dans la province de Garet, qui fait partie du royaume de Fès. On peut donc arriver à conclure que le Rif proprement dit s'étend des Ghomara à l'oued Nekour et comprend les tribus des Metioua el Bahar, Beni Seddat, Beni Khamnous Tarzout, Beni Bou Neçar, Beni Bou Frah, Beni Gmil, Zerket, Targuist, Beni Itteft, Beni Mezdoui, Beni Amart, Baqqoufa, Beni Ouriaghel. Je m'empresse d'ajouter qu'aujourd'hui on comprend le Garet dans le Rif et qu'il faut ajouter à cette liste les tribus situées entre l'oued Nekour et l'oued Kert : Temsaman, Beni Saïd, Beni Oulichek, Beni Touzin, Tafersit, Gzennaïa et même celles comprises entre l'oued Kert et la Moulouya, les Guelaïa, Beni Sicar, Beni Bou Yfrou, Settout, Metalsa, Oulad Bou Yahi et Kebdana. En résumé, après avoir examiné la question dans tous les sens, on en revient à ce que nous disions au commencement, que le mot Rif s'applique à une certaine région du Nord-Est du Maroc, au nord de l'Ouargha, à l'ouest de la Moulouïa, et dont les limites varient selon les possibilités des tribus rifaines proprement dites à exercer plus ou moins loin leur influence et leur autorité. Ces possibilités elles-mêmes sont naturellement en proportion de la plus ou moins grande force du Makhzen.

Mais de ce que l'autorité du Makhzen ne s'est pas toujours exercée sur le Rif d'une manière régulière et continue, il ne faudrait pas en tirer la conclusion que cette région n'a jamais eu une existence indépendante du reste du Maroc. Comme le dit Léon l'Africain, le Rif a toujours été une région du royaume de Fès.

Dans le chapitre d'introduction à son « Etude sur les Dialectes berbères du Rif », Biarnay partage également le Rif en Rif proprement dit et en Rif oriental : celui-ci correspondant au Garet. « Le Rif, dit-il, comprend aujourd'hui une trentaine de tribus sur la plupart desquelles on ne dispose que de renseignements obtenus par voie d'information indirecte. Toutes sont d'origine berbère, quelques-unes, situées sur les frontières de l'Ouest ou du Sud, sont plus ou moins arabisées, celles de l'Est se reconnaissent comme apparentées aux Zenata, dont elles parlent la langue, celles du Centre et de l'Ouest prétendent à une origine Ghomara, quelques-unes fixées au cœur des montagnes du Rif ou sur les flancs des Djebala, se disent Cenhadja. Les habitants de la partie orientale du Rif ont un parler très voisin de celui des Zenata de l'Est de la Moulouïa. Les Rifains proprement dits donnent à leurs dialectes le nom de *thamaẓirth* ou de *tharifith*. Ceux-ci sont beaucoup plus évolués, plus usés peut-être aussi, que ceux parlés par les tribus du Rif oriental. »

Il est inutile, pour donner une idée de la situation politique du Rif dans l'Empire du Maroc, de remonter jusqu'à l'Antiquité et de rechercher dans les savants travaux qui ont été faits sur cette région ce que pouvait être le Rif aux époques phénicienne, carthaginoise, romaine et byzantine. On sait qu'en arrivant au Maghreb, les convertisseurs musulmans Oqba Ibn Nafi, en 682, et Mousa ben Noceir, en 708, ont rencontré à Ceuta le comte Julien, que les auteurs arabes appellent Ylian, émir des Ghomara. Qui était exactement ce personnage ? D'après les uns, il était Visigoth et gouvernait les Ghomara pour le compte du roi Roderic ; d'après les autres, il était Byzantin ou Berbère, c'est-à-dire Ghomari ; quelques-uns ont dit que ce n'était pas un gouverneur, mais un marchand ; il y en a même qui ont nié son existence. Il semble peu probable que le comte Julien, l'émir des Ghomara qui a joué un rôle si considérable dans la conquête musulmane de l'Andalousie et qui est cité par un si grand nombre d'auteurs chrétiens et musulmans ait été inventé de toutes pièces ; que la légende l'ait un peu grandi, c'est possible, mais il paraît positif que, quelle que soit son origine, il a réellement existé, qu'il était chrétien, ainsi que les Ghomara qu'il gouvernait, soit au nom des Visigoths d'Espagne, soit pour le compte de l'Empereur de Byzance : ce que l'on ne connaît pas, c'est l'étendue du territoire qu'il gouvernait. On ne connaît pas davantage le chemin suivi par les Arabes pour arriver à Ceuta. Sont-ils venus par la trouée de Taza ou directement par le Rif en suivant la mer ? De toute façon, il semble bien que le premier Etat relativement constitué qu'ils aient rencontré sur leur route au Maroc et avec lequel ils soient entrés en relations, est celui des Ghomara, commandés par le comte Julien. Ils n'étaient d'ailleurs pas arrivés jusqu'à Ceuta sans avoir eu à lutter contre les Berbères, et à plusieurs reprises ils reçurent de nouvelles troupes pour les aider dans leur conquête.

Un de ces corps de troupes était commandé par un arabe du Yemen, Çalih ben Mançour el Himiyari. Il s'appropria un territoire qu'il avait conquis dans le pays de Temçaman et s'en fit donner, en 710, la concession en *iqtâ régulier* par le Calife Omeïade de Damas, El Oualid ben Abdelmalek. Il trouva là, dit El-Bekri, une population composée de Ghomara et de Cenhadja qui étaient chrétiens, et il les convertit à l'Islam. Nous savons ainsi qu'au moment de l'arrivée de l'Islam, les Ghomara occupaient le Temçaman et que les Cenhadja y avaient déjà pénétré. Sans nous occuper davantage des Etats du comte Julien qui occupaient une région habitée par des Ghomara, mais qui ne fait pas partie du Rif actuel, nous trouvons là, au contraire, dans un pays aujourd'hui essentiellement rifain, le premier Etat musulman qui ait été constitué au Maroc. On l'appelait le royaume des Beni Çalih, du nom de son fondateur, ou le royaume de Nekour, du nom de la ville dont les fondations furent établies par Idris, fils de Çalih, et qui fut terminée par Saïd ben Idris vers 760. On a dit souvent, d'après Ibn Khaldoun, que Nekour et El Mezemma étaient une même ville. Cependant, Ibn Khaldoun lui-même et d'autres auteurs avant lui disent que Nekour est à cinq milles de la mer, au sud. Il semble donc que Nekour et El-Mezemma étaient deux localités différentes. Il serait trop long de raconter en détail l'histoire du royaume de Nekour qui dura plus de trois cents ans. La ville fut prise et en partie détruite par les Normands en 761, puis par Messala Ibn Habbous, au nom des Fatimites en 916. Les Benou Çalih de Nekour étaient, en effet, à ce moment partisans des Omeïades d'Espagne. On ne sait rien de précis sur leurs relations avec les Idrisites. Cependant, d'après un passage d'Ibn Khaldoun, on peut comprendre qu'ils ont été vassaux d'Omar ben Idris, qui avait eu le Rif en partage à la mort de son père, en 828, et de ses descendants, et qu'ils ont suivi les princes idrisites dans leurs alternatives entre les Omeïades d'Espagne et les Fatimites. Ce que l'on sait d'une façon positive, c'est que la dynastie des Benou Çalih a toujours pratiqué l'Islam orthodoxe, qu'elle a lutté contre les Kharidjites, qui étaient si nombreux dans toutes les tribus berbères, et qu'elle a contribué à l'introduction du rite Malikite au Maghreb. Les Benou Çalih ont exercé leur autorité à Nekour et sur le pays environnant jusqu'en 1015 environ ; à cette époque Yala ibn Fotouh, de la tribu des Azdaja, s'empara de Nekour qui resta entre les mains de ses descendants jusqu'à sa conquête par l'Almoravide Yousef ben Tachfin, en 1084. La ville fut alors encore une fois détruite mais, cette fois, définitivement. Elle ne s'est jamais relevée depuis et le fief de Nekour, qui avait été constitué en 710 par le Calife El-Oualid en faveur de l'Himyarite Çalih ben Mançour, disparut avec elle. Il y a donc huit cent quarante ans que ce fief, qui avait été créé pour faciliter la conversion des Berbères avant la formation de l'Empire du Maroc, n'existe plus, et pendant ses trois siècles d'existence il n'a jamais été complètement indépendant et il a été sous la suzeraineté de la première dynastie marocaine, celle des Idrisites, dont il a suivi la fortune, en reconnaissant tantôt les Fatimites d'Égypte, tantôt les Omeïades d'Espagne.

On peut se rendre compte, en suivant d'un peu près l'histoire de cette époque, que ce que certains historiens ont appelé le royaume idrisite du Rif, ne s'applique en réalité pas au Rif lui-même, mais plutôt aux tribus Ghomara. En effet, la forteresse de Hadjar El Neser, considérée comme le dernier refuge des Idrisites au Maroc, se trouve dans la tribu des Soumatha, entre les Beni Gorfet et les Beni Ysef, c'est-à-dire à une assez grande distance du Rif. Sans doute les Idrisites ont été suzerains des Benou Çalih de Nekour, et dans le partage du Maroc entre les fils de Moulay Idris II, le Rif était échu à Omar, mais son petit-fils Ali ben Idris avait quitté le Rif vers 878 pour régner à Fès et depuis cette époque le seul Idrisite qui ait régné dans le Rif est le Hamoudite Mohammed ben Idris, surnommé *El-Moust'âli*, de la descendance d'Omar ben Idris. Il vivait obscurément à Alméria, en Andalousie, lorsqu'il fut appelé à Melilla, en 1067, par les Beni Ourtendi et les tribus avoisinantes qui le proclamèrent. Ce royaume idrisite de Melilla a d'ailleurs été de courte durée. Né au milieu des troubles causés par les luttes des dynasties zenètes des Meghraoua et des Beni Ifren contre les Califes d'Andalousie, le royaume de Melilla a disparu avec ces dynasties au moment de l'arrivée des Almoravides, en même temps que celui de Nekour, et de la conquête du Rif par Yousef ben Tachefin, vers 1084.

Dans les premiers temps de la dynastie almohade, Abdelmoumen ben Ali a reçu la soumission du Rif vers

1142 ; en 1162, il a fait construire un grand nombre de navires, entre autres dans le port de Badis et dans les autres ports du Rif. C'est également sous cette dynastie que l'on voit apparaître dans le Rif les doctrines mystiques du Çoufisme enseignées en Orient par Moulay Abdelqader El-Djilani. D'après le *Maqçad*, ouvrage manuscrit sur les saints du Rif, le premier mystique du Rif a été Abou Daoud Mouzaïm, dont le tombeau existe encore aujourd'hui à l'est de la baie d'Alhucemas ; il était disciple du grand Chaikh Abou Median El-Ghaout qui a donné son enseignement à plusieurs Chaikhs marocains, entre autres à Moulay Abdessalam ben Mechich et à Abou Mohammed Çalih de Safi : ce même Abou Mohammed a eu comme disciple un autre Rifain Abou Merouan Abdelmalek Ouahaqis. En lisant l'histoire des saints du Rif, on se rend compte que, pas plus au point de vue de l'activité religieuse qu'aux points de vue économique ou politique, le Rif n'a eu à aucune époque une vie indépendante du reste du Maroc. Une anecdote, racontée par l'auteur du *Maqçad*, prouve que les Almohades exerçaient incontestablement leur autorité dans le Rif. Le successeur d'Abdelmoumen, son fils Mohammed, qui n'a d'ailleurs régné que pendant quarante-cinq jours, était atteint de la lèpre ; ayant entendu dire que le Chaikh Abou Daoud guérissait cette maladie, il envoya un serviteur dans le Rif pour le chercher. Abou Daoud a laissé des disciples qui en ont eux-mêmes laissé d'autres ; un des personnages de cette chaîne d'enseignement était Sidi Ali ben Makhoukh, dont le tombeau, qui est dans sa Zaouïa au Djebel Tasaft, chez les Beni Touzin, est encore vénéré aujourd'hui. Ses descendants, connus sous le nom de Aït El-Hadj Ali El-Makhouki, prétendent être Chorfa Beni Oukil, c'est-à-dire Idrisites.

Sous le règne de Yousef, fils d'Abdelmoumen, un soulèvement important se produisit dans les montagnes du Rif, mais les auteurs ne sont d'accord ni sur la date ni sur le nom de celui qui le provoqua : d'après les uns, il y aurait même eu deux révoltes, tandis que les autres paraissent les confondre en une seule.

Le Raoudh El-Qirtas rapporte qu'en 1163, Marzadagh, que Beaumier, dans sa traduction, on ne sait pourquoi, appelle Ben Derâ El-Ghomari, des Cenhadja de Miçbah, fut proclamé par un grand nombre de tribus des Ghomara, des Cenhadja et des Aouraba ; il frappa même une monnaie sur laquelle il fit graver : *Marzadagh l'Etranger, que Dieu lui accorde promptement la Victoire.* Une armée almohade marcha contre lui, le battit et sa tête fut envoyée à Marrakech. D'après le même auteur, en 1166, Yousef ben Abdelmounen marcha en personne contre un autre révolté, qui s'était manifesté dans la même région et qui se nommait, dit-il, Yousef ibn Managhfad : il envoya également sa tête à Marrakech. Ibn Khaldoun ne parle que de ce deuxième personnage qu'il appelle Seba'ibn Mounaghfad et dont il place le soulèvement en 1166. Le Marrakchi parle également d'une seule révolte dans les montagnes du Rif : il la place en 1177 et nomme l'auteur Saba' ben Hayan, qui avait comme complice un de ses frères nommé Marazdagh, c'est-à-dire qu'il avait le même nom que l'auteur de la révolte rapportée par le Qirtas comme s'étant produite en 1163. On peut supposer, d'après toutes ces confusions de noms et de dates, qu'il y a eu dans les montagnes du Rif, chez les Ghomara, les Cenhadja et les Aouraba, une seule révolte qui a été vaincue par le Sultan Yousef ben Abdelmoumen, qui a soumis tout le pays à son autorité.

Sous le règne de Yaqoub El Mançour, les tribus du Rif enrôlées dans l'armée almohade ont pris part avec toutes les tribus du Maghreb à la grande victoire musulmane d'Alarcos, en Andalousie, en 1195. Elles assistèrent également, en 1212, sous le règne d'En-Nacer, à la défaite de Hiçn El-Oqab, ou de las Navas de Tolosa, qui marque la fin de la puissance musulmane en Andaloüsie. Le prestige de la dynastie almohade a été très ébranlé par cette défaite et les Berbères du Rif, où se trouvaient déjà beaucoup de Zenata, ont profité de cette faiblesse pour reconnaître la dynastie zenète des Beni Merin qui commençait à se manifester de ce côté. En 1216, les Beni Merin, commandés par leur Emir Abdelhaqq ben Mayou, pénètrent dans le Rif et le pays des Bottouïa : une armée almohade envoyée contre eux est battue près de l'oued Nekour par les Mérinides, qui étaient à Tazouta, et les Almohades vaincus et dépouillés de leurs vêtements doivent cacher leur nudité avec des herbes appelées *Mechaala.* Cette bataille, qui consacre l'avènement de la dynastie des Beni Merin, a conservé le nom de bataille de Mechaala.

Les Mérinides ont fait plusieurs expéditions dans le Rif pour le maintenir dans l'obéissance : en 1276, l'année où il fit construire Fès El Djedid, Yaqoub ben Abdelhaqq, en revenant d'Andalousie, apprit que Talha ben Yahia ben Mahli s'était soulevé à Tafersit dans les Beni Touzin. Ce Talha était cousin germain du Sultan ; il était, en effet, le neveu d'Oum El-Youm, une des femmes d'Abdelhaqq ben Mahayou et mère de Yaqoub ; les deux frères d'Oum el Youm, Talha et Omar, ont été tous les deux Vizirs des Mérinides. Bref, le Sultan marcha contre le révolté qui se réfugia sur la montagne d'Azrou, qui domine Tafersit. Il ne faut pas, comme l'ont fait quelques-uns, confondre cet Azrou de Tafersit avec l'Azrou du Fazaz. Cette confusion donne une idée complètement fausse de l'expédition du Sultan Yacoub ben Abdelhaqq. Les liens de parenté et l'intervention de saints personnages du Rif auprès du Sultan le décidèrent à pardonner à Talha ben Yahia et à l'autoriser à se rendre en pélerinage à la Mekke pour se débarrasser de lui.

La même année le Sultan recevait l'hommage de Mohammed ben Abdelqaoui qui s'intitulait Emir des Beni Touzin. Le tombeau de Sidi Abdelqaouï se trouve encore à Tafersit ; il est considéré dans le peuple comme Chérif idrisite et la famille de l'Emir Abdelqader prétend descendre de lui.

Sous le règne du Sultan Yousef ben Yaqoub ben Abdelhaqq, en 1287, un autre soulèvement se produisit dans le Rif, provoqué par un homme un peu fou, dit-on. Il s'appelait El Abbas ben Çalih, originaire des Beni Gmil qui appartiennent aux Cenhadja de Badis : il était allé en Orient et à son retour il prétendait être envoyé par le Fatimite qui lui avait ordonné d'appeler les gens à lui ; il disait que son temps était proche. Il réunit beaucoup de monde et le jour de l'Achour de l'année 686, 25 février 1287, il s'empara de vive force de Badis qu'il mit au pillage : de là, il se rendit à El-Mezemma où se trouvait une troupe de cavaliers des Mérinides Beni Ouattas ; il les attaqua, mais il fut battu et tué. C'était le 20 du mois de çafar de la même année (6 avril 1287). Son corps fut mis en croix à la porte d'El-Mezemma et sa tête, après avoir été promenée dans les principales villes du Maghreb, fut suspendue à la porte dite Bab El Kohl à Marrakech.

Ces quelques exemples suffisent à prouver que l'autorité des Mérinides s'étendait sur le Rif même quand ils étaient en résidence à Marrakech. Dans le remarquable ouvrage de M. Massignon sur le Maroc, dans les premières années du XVIe siècle, on trouve même que plusieurs des tribus du Rif comptaient dans le Makhzen des Mérinides. M. Massignon cite, d'après un manuscrit d'Ibn Fadhl Allah, les impôts qui étaient payés par le Rif et le Garet, de 1310 à 1891, et qui s'élevaient à 45.000 mitqals or, c'est-à-dire à environ 500.000 francs par an.

Les premiers Mérinides avaient partagé le pays entre les tribus de leur famille ; les Beni Ouattas reçurent une partie du Rif ; les Metalça reçurent le Garet, et les Beni Touzin le Rif oriental. Léon l'Africain rapporte qu'à son époque, c'est-à-dire à la fin du XVe siècle, les Baqqouïa du Rif étaient une tribu de Naïba et que les tribus des Kebdana et des Beni Touzin, dans le Garet, étaient des tribus Makhzen. Sous la dynastie des Beni Ouattas, qui sont une branche des Beni Merin et qui leur succédèrent, on trouve les villes de Badis dans le Rif, d'Amedjaou et de Tazouta dans le Garet, parmi les forteresses qui couvraient Fès. Les autres villes formant cette couverture était Chefchaouen, Tetouan, Azdjen, Larache, El-Qçar El-Kebir, Mamora (aujourd'hui Mehdia) et Salé. Toutes ces villes étaient pourvues de garnisons de soldats du Makhzen.

La forteresse de Tazouta, qui se trouvait à mi-chemin environ de Melilla et de Selouan, avait été fondée par les premiers Mérinides et détruite par Yousef, fils de Yacoub el Mançour ; elle fut reconstruite avec l'autorisation du Sultan après la prise de Melilla par les Espagnols, par un caïd de Fès, originaire d'Andalousie ; du temps de Marmol il s'y trouvait une garnison de 60 chevaux et de 300 arquebusiers.

Les mesures de précaution prises par le Makhzen dans le Rif et dans le Garet, pour protéger Fès, s'expliquaient par les attaques des Espagnols et des Portugais sur les côtes du détroit de Gibraltar et de la Méditerranée.

Avant la fin de la domination musulmane en Andalousie, une guerre de piraterie se faisait entre les côtes du Maroc et celles de l'Espagne. Des pirates marocains allaient faire des descentes en Andalousie, pillaient les bourgades de la côte et en ramenaient des prisonniers ; des pirates chrétiens en faisaient autant sur la côte marocaine et le *Maqçad* raconte que le Chaikh Abou Daoud Mouzaïm, dont nous avons parlé, a été une fois enlevé de sa Zaouïa et plus tard son petit-fils Ibrahim également. Au commencement du XVe siècle, les entreprises des Chrétiens sur les côtes du

Maroc augmentèrent d'intensité. Les Portugais s'emparèrent de Ceuta en 1415, d'El-Qçar Eç-Ceghir en 1458, de Tanger et d'Arzila en 1471 et la flotte espagnole, sous le commandement du duc de Médina Sidonia, s'empara en 1496 de Melilla et de Ghassaça. En 1508, également sous la dynastie des Beni Ouattas, les Espagnols, sous le commandement de l'amiral comte de Navarro, s'emparèrent du Peñon de Velez, petite île rocheuse à peu de distance de la côte, en face de Badis. En 1520 ou 1522, après des luttes presque continuelles, les Marocains reprirent l'îlot qui fut, plus tard, pris par les Turcs et rendu aux Espagnols, comme on le verra plus loin. En 1534, les soldats espagnols de Ghassaça, après avoir assassiné leur commandant, livrèrent la place aux Rifains et se firent musulmans. Cette anecdote est quelquefois racontée à propos de la prise du Peñon de Velez.

Les expéditions chrétiennes contre les côtes de Barbarie n'étaient pas causées uniquement par le désir de lutter contre la piraterie des musulmans : à cette époque, les Espagnols et les Portugais commençaient à se disputer les bénéfices de la bulle de *Cruzadas*, accordés aux peuples chrétiens qui s'emparaient de territoires infidèles. Les bénéfices de cette bulle furent spécialement attribués à l'Espagne, en 1457, par le pape Calixte III. Afin d'éviter des conflits entre les deux nations catholiques, le pape Alexandre VI s'interposa comme médiateur et les réunit aux Conférences de Tordesillas en 1494 ; ces conférences aboutirent à un traité partageant entre l'Espagne et le Portugal le monde non chrétien et les bénéfices de la bulle.

En 1517, un facteur nouveau vient encore compliquer les choses : les Turcs, après s'être emparés d'Alger et de Tlemcen, commençaient à menacer le Maroc et les forteresses élevées contre les Chrétiens dans le Rif et dans le Garet servirent également à protéger Fès de ce nouveau danger.

Les Saadiens avaient apparu dans le Drâa et dans le Sous dès l'année 1510, avec Mohammed El-Qaïm bi Amr Allah ; son fils Mohammd Chaikh El-Mahdi s'empara de Fès en 1550 et, malgré l'appui donné par les Turcs au dernier Mérinide Moulay Bou Hassoun El-Badisi El-Ouattasi, il s'y installa définitivement en 1554.

Sous la dynastie saadienne, le Maroc était, en 1585, d'après des renseignements portugais, divisé en huit vice-royautés : celle de Fès comprenait le Habt, le Rif, le Garet et le *Chaus* (cette dernière désignation se rapportait au S. E. de Fès).

Sous le règne du Saadien Moulay Abdallah El-Ghalib Billah, il y a eu dans le Rif des événements assez graves sur lesquels les auteurs arabes semblent vouloir faire le silence. Nous avons vu qu'en 1508 les Espagnols s'étaient emparés du Peñon de Velez en face de Badis et qu'ils en avaient été chassés vers 1520 ; d'autre part, qu'en 1517 les Turcs s'étaient établis dans le pays d'Alger et de Tlemcen. Les Turcs, dont les vaisseaux fréquentaient souvent le port de Badis, finirent par s'y établir : on ne sait pas s'ils occupèrent seulement le Peñon ou s'ils s'installèrent sur la côte même du Rif et on ne connaît pas davantage la date exacte de cet établissement. En 1558, des troupes turques, sous les ordres d'El-Hasan, fils de Kheir Ed-Din, se mirent en marche sur Fès ; mais elles furent battues par El-Ghalib Billah, sur l'oued El-Leben, affluent de l'oued Innaouen. Les historiens ne disent pas si ces Turcs venaient de Tlemcen ou de Badis ; ce qui est certain, c'est que c'est vers Badis qu'ils s'enfuirent à travers les montagnes, après leur défaite, et que Badis était à cette époque, d'après la Nozhat El-Hadi, occupée par les Turcs. Pour se débarrasser d'eux, le Sultan El-Ghalib Billah donna, en 1560, Hadjar Badis (Peñon de Velez) aux Espagnols à la condition qu'ils en chasseraient les Turcs, ce qu'ils firent. Comme nous l'avons dit, les historiens arabes cherchent à dissimuler cette cession de territoire musulman aux Chrétiens, qui est de nature à entacher la mémoire de Moulay Abdallah El-Ghalib Billah : aussi passent-ils sous silence la cession qui a été faite à la même époque de l'îlot d'Alhucemas (Hadjrat Nekour) que l'on connaît surtout par la revendication des Espagnols lors de la concession faite à Roland Fréjus, en 1666, de la baie d'Alhucemas par Moulay Rechid, ainsi que nous le verrons quand nous serons arrivés au règne de ce prince.

L'histoire marocaine ne parle pas du Rif sous les règnes des autres Sultans de la dynastie saadienne, mais on le retrouve dans les premiers temps de la dynastie Alaouite, qui lui succéda.

Au moment où les Saadiens s'effondraient à Marrakech et où les Alaouites commençaient à apparaître au Tafilet, le Maroc a traversé une période très troublée qui a permis à

de nombreuses ambitions locales de se manifester. Le mouvement le plus important a été celui des marabouts de Dila, qui ne tendaient pas moins qu'à la restauration d'une dynastie de berbères Cenhadja dans le Moyen Atlas. En même temps apparaissait, de Salé à Larache, le combattant de guerre sainte Mohammed El-Ayachi, à Marrakech Kroum El-Hadj ; Bou Hassoun Es-Semlali dans le Sous ; Aboul Abbas El-Khadir Ghailan dans le triangle compris entre El-Qçar, Arzila et Tétouan. Dans cette confusion que devenait le Rif ? D'après ce que l'on peut savoir, un partie au moins de cette région était sous l'autorité du Chaikh Aaraç, Caïd des Temçaman et des Bouttouïa.

Moulay Rechid ben Cherif, que l'on peut considérer comme le premier Sultan de la dynastie Alaouite, se trouvait du fait de la situation que nous venons de voir, confiné à l'est du Maroc, où il lui fallait chercher des appuis pour conquérir l'Empire.

Les historiens arabes ne s'étendent pas sur les commencements de ce règne, qui était également le commencement de la dynastie, et en négligent les détails qu'ils considèrent peut-être comme de nature à en diminuer la majesté ; c'est dans les anciens auteurs européens que l'on arrive à retrouver quelques renseignements forcément assez incomplets, mais qui permettent de se faire une idée de la situation du Rif dans le désordre marocain de cette période.

D'après le récit du sieur Mouëtte, intitulé « Histoire des Conquêtes de Moulay Archy » et publié en 1683, Moulay Rechid, pour échapper à son frère Moulay M'hammed, qui avait été proclamé à Sidjilmassa, prit d'abord, sans se faire reconnaître, du service chez les Dilaïtes. Découvert, il s'enfuit chez les Kebdana qui étaient gouvernés par un personnage du nom de « Haly Soliman » ou le Hadj Soliman. Employé par lui comme intendant, Moulay Rechid profita de la situation qu'il avait acquise pour établir son autorité ; après avoir pillé la maison du juif Ben Mechâal et l'avoir tué, il s'allia au Chaikh Louati qui gouvernait le pays d'Oudjda, puis se retournant contre le gouverneur des Kebdana, il s'empara de ses biens et de son pays et le mit à mort. Il marcha ensuite contre son frère Moulay M'hammed, le battit et le tua dans la plaine des Angad, au commencement d'août 1664. Il se dirigea alors vers le pays de Temsaman qui était gouverné par le caïd Mohammed Aaraç : celui-ci se sauva au Peñon de Velez avec ses biens et se mit sous la protection des Espagnols, laissant dans le Temsaman son fils Abdelaziz que Moulay Rechid fit prisonnier et conduisit à Taza d'abord, où il entra sans coup férir, puis à Fès. Il le fit remettre plus tard en liberté, épousa sa sœur qu'il reçut à Fès en grande pompe, ainsi que son père, Mohammed Aaraç, auquel il rendit son gouvernement de Temsaman.

Ce récit de Mouëtte contient peut-être quelques inexactitudes, mais il permet de se rendre compte que c'est dans le Rif que Moulay Rechid a cherché les ressources en hommes et en argent qui lui étaient nécessaires.

Les Aaraç des Temsaman ont continué à occuper de hautes situations à la Cour, jusqu'au commencement du règne de Moulay Ismaïl. En 1676, ils ont trahi ce Sultan au profit de son neveu Ahmed ben Mahrez ; Moulay Ismaïl les fit tous tuer et confisqua leurs biens.

Un événement d'une grande importance s'est produit au commencement du règne de Moulay Rechid et a, même, dans une certaine mesure, aidé à son avènement au trône : c'est la visite qu'il a reçue à Taza, en 1666, de Roland Fréjus, porteur d'une lettre de Louis XIV. Mouëtte considère à tort Roland Fréjus comme un imposteur et, de plus, il place sa visite en 1670, et son récit permet de croire que le Sultan a reçu à Fès l'envoyé du roi de France. Cette visite, qui était presqu'une ambassade, se rattache à l'histoire du Rif par l'endroit où Roland Fréjus a débarqué, à El-Mezemma (Alhucemas) et le fait qu'il a traversé une partie du Rif pour se rendre à Taza prouve suffisamment que le Rif était soumis à l'autorité de Moulay Rechid.

En 1662, deux négociants marseillais, Michel et Roland Fréjus, conçurent l'idée d'un établissement commercial sur la côte Nord du Maroc et ils choisirent pour centre de leurs opérations la petite île d'Alhucemas, sur la côte du Rif. Le 19 novembre de l'année 1664, Roland Fréjus recevait la provision de Consul de la Nation française en la ville d'*Albouzème* et, en octobre 1665, un arrêt du Conseil du Roi et des lettres patentes accordaient à la Compagnie le monopole perpétuel du commerce en cette ville, même de faire avec le divan du dit Albouzème, royaume de Fès, tous les traités et accommodements, etc..., le tout à la charge que les dits Fréjus seraient tenus d'envoyer au Roi annuellement et par forme de redevance la quantité de dix des plus beaux chevaux barbes.

Dix ans auparavant, les Marseillais avaient déjà songé à créer à Alhucemas un Consulat qui avait été donné à un sieur Lambert ; mais ils n'avaient pas réussi, grâce sans doute aux intrigues d'une compagnie composée d'un Anglais, de deux Français et peut-être de Hollandais, qui avait obtenu du caïd Mohammed Aaraç, gouverneur du Temsamau, l'autorisation de négocier à cet endroit. Il semble que c'est avec ce même Aaraç que Roland Fréjus avait l'intention de commencer ses négociations ; mais quand il arriva à Alhucemas, en avril 1666, Mohammed Aaraç, dont la fille n'avait pas encore épousé Moulay Rechid, avait été attaqué et vaincu par celui-ci et il s'était réfugié, comme nous l'avons vu, au Peñon de Velez, chez les Espagnols. Il avait été remplacé comme gouverneur des Temsaman et des Bouttouïa, par un personnage nommé, par Roland Fréjus, le Cheikh Amar. Il s'agit peut-être du caïd Amar ben Haddo El-Battioui, qui mourut en 1681 sous le règne de Moulay Ismaïl, après avoir pris Mehedia. On pourrait alors retrouver là l'origine de l'entrée dans le Makhzen des Alaouïtes, de cette grande famille rifaine qui a toujours été au service de la dynastie régnante.

Le 19 avril 1666, Roland Fréjus quitta El-Mzemma accompagné de l'interprète Yaqoub Pariente, juif marocain, qu'il avait pris à son bord en passant par Melilla, de MM. de Lastre, de Lada, Vincent David et du chirurgien François Bosse : il avait également avec lui le Chaikh Amar avec quelques serviteurs. Il arriva à Taza le 26 avril après avoir passé par Nekour, Beni Bou Yaqoub, Tafersit, Soukin et un endroit qu'il appelle lui-même Tiserac et que je n'ai pas pu identifier.

Reçu en audience solennelle par Moulay Rechid, Roland Fréjus lui remit la lettre de Louis XIV et rapporta la réponse. Il ne semble pas qu'il ait réussi dans ses négociations, mais Moulay Rechid fit grand étalage de la lettre du Roi de France, d'autant plus qu'elle lui permettait d'opposer cette reconnaissance d'un grand souverain d'Europe à l'appui que l'Angleterre donnait à Ghaïlan, qu'elle traitait officiellement de *Prince de la Barbarie Occidentale.* Pour faire échec à la tentative de Roland Fréjus, l'Espagne invoqua la concession qui lui avait été faite, en 1560, de l'Ilot d'Alhucemas par le Sultan Saadien El-Ghalib Billah, pour empêcher les Turcs de s'y établir. La Compagnie d'Albouzème fut dissoute en 1670.

En 1699, une nouvelle tentative française fut faite sur la côte du Rif par Dominique Philippe de Savelly et François Jullien, ancien consul à Alep. Des lettres royales datées de Marly, le 4 novembre 1699, leur accordèrent la permission de former un établissement dans la ville d'*Arbosein* (El-Mezemma) et dans l'île d'Alboran, située sur les côtes de Barbarie et dans les Etats du Roi du Maroc, pour une période de quinze années. La guerre de la Succession d'Espagne, en 1701, empêcha la réalisation de ce projet.

Sous le règne de Moulay Ismaïl, le Rif constitua une véritable pépinière de *Moudjahidin*, combattants de guerre sainte, au service du Sultan, pour la reprise des villes occupées par les Chrétiens. Cette armée des Rifains était commandée par les Zenata Oulad El-Hamami, des Battouïa du Temsaman, Amar ben Haddo, son frère Ahmed ben Haddo et leur neveu Ali ben Abdallah ben Daho. Les descendants d'Amar ben Haddo sont encore représentés aujourd'hui par les Oulad ben Abbou de Tanger, et les descendants d'Ali ben Abdallah par les Oulad ben Abdeççadaq. Le chef de cette deuxième branche est aujourd'hui le Hadj Abdessalam ben Abdeççadaq qui, après avoir été pendant de longues années gouverneur de Tanger, a été dernièrement nommé caïd dans les Chaouïa.

Le Guich rifain a repris Mehedia en 1681 : il était commandé par Amar ben Haddo, qui mourut peu après et fut remplacé par son frère Ahmed, caïd d'El-Qçar El-Kebir et du Gharb.

En 1684, les Rifains, commandés par le pacha Ali ben Abdallah, entraient à Tanger ; en 1689, sous les ordres d'Ahmed ben Haddo, ils prenaient Larache et Arzila, en 1690. On voit encore aujourd'hui dans la plaine des Hareidiyn, près de l'oued M'da, dans le Gharb, la Qoubba où est enterré Ahmed ben Haddo El-Battioui : c'est aujourd'hui un lieu de pèlerinage, dont le principal *Moussem* est le jour de l'Ancera, 24 juin de l'année Julienne.

Mehdia, Tanger, Larache et Arzila furent peuplées par des gens du Rif ; il y en avait également à Fès et, en 1687, Moulay Ismaïl les envoya s'établir à Taroudant, dont il venait de s'emparer et où il ne restait plus d'habitants.

Le pacha Ali ben Abdallah, commandant le Guich Rifi, mourut en 1692 ; il s'intitulait amiral des côtes d'Afrique, vice-roi du Gharb et gouverneur de la province du Rif et de toutes les places maritimes, depuis les îles Zaffarin jusqu'à Salé. Son fils Ahmed lui succéda. Ce personnage est célèbre par le rôle qu'il a joué dans les troubles qui ont suivi la mort de Moulay Ismaïl et ses luttes contre Moulay Abdallah. Il avait entraîné dans sa révolte le Rif, les Djebala et plusieurs tribus arabes ; il a été tué par Moulay Abdallah près d'El-Qçar El-Kebir en 1743. Il avait soutenu contre Moulay Abdallah deux de ses frères, Moulay El-Mostadi et Moulay Zein El-Abidin.

En 1766, le Sultan Sidi Mohammed ben Abdallah nomma son fils, Moulay Ali son Khalifa, à Fès, et pour les tribus des Djebala et du Rif ; il dirigea lui-même une expédition contre le Rif, qu'il razzia complètement sauf les Kebdana.

Le Sultan Moulay El-Yazid, qui ne régna d'ailleurs que deux ans, ne semble pas s'être occupé du Rif ; par contre, son successeur, Moulay Sliman, y a fait plusieurs expéditions pour faire rentrer les impôts et surtout pour empêcher les tribus du Rif de vendre des grains aux négociants chrétiens. Ce commerce laisse supposer toute une organisation : le Rif, en effet, ne produit pas de grains en suffisance pour sa consommation, à plus forte raison pour pouvoir en vendre. Les céréales exportées par les ports du Rif provenaient donc certainement des tribus de plaines, et les producteurs trouvaient là un moyen d'échapper à l'interdiction du commerce des grains dans les ports ouverts au commerce et dont le Sultan se réservait le monopole et les profits.

L'organisation de ce commerce frauduleux devait même être assez complète : il ne s'agissait certainement pas de simples tentatives faites à l'aventure, et il n'a pas fallu moins de quatre expéditions successives pour l'arrêter, ou tout au moins pour tenter de l'arrêter : rien ne prouve, en effet, que les efforts de Moulay Sliman aient eu tous les résultats qu'il pouvait en espérer.

Après une première expédition en 1802, commandée par son frère Abdelqader, le Sultan en fit une deuxième en 1810 et une troisième en 1812 ; il avait, à la suite de cette dernière expédition, remplacé le caïd de Tétouan et du Rif, Abderrahman Achach, par M'hammed Es-Slaoui El-Boukhari, dans l'espoir que l'animosité qui existait entre les Bouakhar et le Guich Er-Rifi, pousserait ce gouverneur à agir avec plus de sévérité. Il semble que l'amour du lucre ait été plus fort chez le nouveau gouverneur, non seulement que son devoir, mais même que l'esprit de clan: en effet, en 1813, le Sultan ayant appris que les Rifains continuaient à vendre aux Chrétiens, non seulement des céréales, mais du bétail et d'autres produits, envoya dans les ports du Rif ses bâtiments de guerre pour y saisir les navires de Chrétiens et se mit en marche lui-même par terre, avec une armée qui mit le Rif au pillage, incendiant les villages et vidant les silos. Il remplaça ensuite M'hammed Es-Slaoui par un gouverneur rifain, Ahmed ben Abdeççadaq ben Ahmed ben Ali El-Hamami, arrière-petit-fils du premier gouverneur de Tanger après le départ des Anglais.

On voit que ce n'est pas d'aujourd'hui que les gens du Rif cherchent à faire des affaires pour leur compte personnel ; mais on voit également que les Sultans réprimaient durement ces tentatives. En 1822, à la mort de Moulay Sliman, le Rif était toujours gouverné par Ahmed ben Abdeççadaq ; il voulut même, avec l'appui des Derqaoua, faire proclamer Sidi Saïd ben Yazid, cousin de Moulay Abderrahman. Cette tentative ayant échoué, le caïd Ahmed retourna précipitamment dans le Rif. Il fut remplacé quelques années plus tard par un autre Rifain, Si Bouselham Astot, qui gouvernait tout le Nord marocain depuis le Sebou. Il occupait ce gouvernement au moment de l'arrivée des Français en Algérie, et c'est lui qui signa, en 1844, à Tanger, le traité de paix après la bataille de l'Isly. On ne sait pas exactement quelle a été l'attitude des tribus du Rif à l'époque des troubles causés par notre victoire et par les intrigues de l'émir Abdelqader. Les tribus du Rif oriental ont dû envoyer des contingents à l'armée de Moulay Abderrahman, et les événements postérieurs font supposer que l'Emir avait trouvé dans le Rif des partisans qui l'ont abandonné dans la suite. En effet, mis hors la loi en Algérie et au Maroc par l'article 4 du traité de paix, Abdelqader, après s'être retiré chez les Oulad Sidi Chaikh, revint au Maroc par le Figuig, d'où il gagna la tribu des Guelaya dans le Rif : il cherchait peut-être, pour échapper à la fois à la France et à Moulay Abderrahman, à gagner Melilla. Sans doute ne trouva-t-il pas chez les Espagnols l'accueil qu'il espérait : ce qui est certain, c'est qu'il était peu après à Tafersit, où se trouve, comme nous l'avons vu, le tombeau de Sidi Abdelqaoui, dont la famille d'Abdelqader prétend descendre. Il rencontra là une armée que Moulay Abderrahman avait envoyée contre lui sous le commandement du caïd Mohammed El-Ahmar des Beni Malek du Gharb. Le fait que les troupes chérifiennes furent battues et le caïd Mohammed El-Ahmar tué, permet de penser que l'Emir avait obtenu le concours des Rifains pour le défendre. Ce qui fait croire également qu'Abdelqader avait réussi à fomenter dans le Rif un mouvement en sa faveur, c'est que le Sultan envoya de suite contre lui une nouvelle expédition avec ses deux fils Sidi Mohammed et Moulay Ahmed, sous le commandement du Pacha des Cheraga, Ba Mohammed Ech-Chergui : les troupes chérifiennes prirent position à la casba de Selouan. La présence de deux fils du Sultan et le prestige de Ba Mohammed Ech-Chergui paraissent avoir été suffisants pour détacher les tribus rifaines de l'Emir, malgré sa récente victoire à Tafersit. Il lui manquait sans doute également, comme à son fils Abdelmalek, soixante-quinze ans plus tard, les ressources nécessaires pour attacher les Rifains à sa cause. Quoiqu'il en soit, après avoir parlementé sans résultat avec les chefs de l'armée du Sultan, l'Emir prit la route de l'Est et se retira de l'autre côté de la Moulouya qu'il franchit au gué de Cherâa, après avoir été battu par les troupes chérifiennes et ne conservant avec lui que quelques cavaliers. C'était en 1847.

Le Hadj Bouselham Astot fut remplacé dans le gouvernement du Rif par Si Mohamed El-Khatib Et-Tetaouini qui le garda jusqu'en 1859. Pendant la guerre de Tétouan (1859-1860), le Rif prépara la guerre sainte contre les Espagnols ; mais ses contingents, réunis et conduits par Sidi Mohammed ben Ciddiq Akhemlich, arrivèrent dans la région de Tétouan le lendemain du jour où la paix avait été signée entre Moulay El-Abbas et le général O'Donnell. On eut, paraît-il, beaucoup de peine à empêcher les Rifains d'attaquer les Espagnols malgré la cessation des hostilités.

En 1861, sous le règne de Sidi Mohammed, le gouvernement du Rif fut donné au fils d'Ahmed ben Abdeççadaq, qui s'appelait lui-même Abdeççadaq comme son grand-père. Il habitait dans le Rif la Casba de Djenada. En 1875, il fut appelé par Moulay El-Hasan au gouvernement de Tanger et le Rif fut partagé entre plusieurs Caïds habitant différentes Casbas, entre autres celles de Selouan, de Djenata et de Senada.

Malgré tout, il était toujours difficile de faire rentrer les impôts de ces tribus d'ailleurs pauvres et qui ne valaient pas les frais d'une expédition. Pour y arriver sans efforts et sans dépenses le Makhzen profitait de la venue à Fès d'un des Caïds du Rif, soit à propos d'une fête, soit pour régler un différend avec un autre Caïd ; le Makhzen, d'ailleurs, savait provoquer lui-même entre les gouverneurs des difficultés qui devaient les amener à la Cour et il profitait de leur présence pour établir le principe de son autorité et pour se faire payer les impôts des tribus où il aurait été difficile et coûteux d'aller les recueillir. Lorsqu'un Caïd du Rif arrivait à Fès, il était pris immédiatement dans l'engrenage du Makhzen. Les quelques cadeaux qu'il avait apportés avec l'intention de les remettre au Sultan, par lequel il pensait être reçu dès son arrivée, ne tardaient pas être absorbés, non pas même par les Vizirs, mais par les nombreux secrétaires auxquels d'ailleurs ils ne suffisaient généralement pas. Le pauvre Caïd, après avoir tout donné, renvoyé d'un bureau à l'autre, toisé par les *Bouakhar*, les *Mechaourlya*, les *Mesakhrlya* et perdu dans la *Makhzeniya*, aurait bien voulu remonter à cheval et rentrer dans son pays ; mais il était surveillé et se trouvait de fait prisonnier dans Fès. Alors apparaissait, comme un sauveur, un des nombreux secrétaires du Makhzen, des moins importants et dont le métier consistait à servir sur un plat les Caïds suffisamment mûrs. Ce personnage, insinuant et aimable, témoignait au Rifain désemparé le plus grand intérêt et lui offrait le moyen de sortir d'embarras. Avant tout, il fallait de l'argent, beaucoup d'argent ; pour s'en procurer, le sauveur conduisait le Caïd chez un Juif qui commençait par faire endosser à son emprunteur les dettes d'un ou de plusieurs autres Caïds du Rif et consentait alors, moyennant des intérêts formidables, prélevés d'avance, naturellement, à lui verser la somme nécessaire à compléter les cadeaux des secrétaires, à donner ceux des Vizirs et, enfin, celui du Sultan, le moins important en général. Quelques jours après le Caïd avait son audience, recevait lui-même un cheval et un costume et quand il était bien vidé, pouvait se remettre en route, jurant bien qu'on ne l'y reprendrait plus. Rentré chez lui, il se gardait bien de raconter sa mésaventure, se louait de la réception qu'on lui avait faite, de façon à pouvoir faire tomber dans le piège un de ses concurrents qui paierait une partie de sa dette, endosserait le reste et en contracterait de nouvelles. C'est ainsi que, pendant des années, le Rif rapportait quelques bénéfices au Makhzen et que le chiffre des dettes augmentait chez les quelques financiers juifs fournisseurs de la Cour. Mais petit à petit, les Caïds ne versaient plus et les dettes restaient impayées. Les créanciers trouvèrent alors moyen, grâce à la politique du moment, d'obtenir, qui la naturalisation, qui la protection française. De là est sortie l'affaire connue sous le nom « d'Affaire des créances juives » et qui a occupé notre diplomatie au Maroc pendant une dizaine d'années. On avait pensé trouver là un moyen d'action au Maroc et le Gouvernement français rendait le Sultan responsable des dettes contractées par les Caïds du Rif auprès de Juifs devenus depuis ressortissants français. Après bien des négociations et bien des marchandages, le Sultan Moulay El-Hasan a fini par désintéresser les créanciers.

Il serait trop long de parler des hostilités habituelles entre les Rifains et les Espagnols de Melilla ; l'incident le plus grave depuis la guerre de Tétouan et avant les événements contemporains, a été celui de Sidi Ouariach, en 1893, qui a motivé l'envoi de 20.000 hommes de troupes espagnoles et l'ambassade à Marrakech du maréchal Martinez Campos auprès de Moulay El-Hasan en 1894. Le Sultan fit acte de souveraineté sur le Rif en payant à l'Espagne une indemnité de vingt millions et en lui accordant un agrandissement du territoire de Melilla.

Au commencement du règne de Moulay Abdelaziz une série d'actes de piraterie s'étaient produits sur la côte du Rif : en 1896, attaque de la barque française *Prosper Corne*, en 1897, attaque de la barque italienne *Fiducia*. Devant les observations de plus en plus pressantes des puissances, et les envois de nombreux navires de guerre en rade de Tanger, pour appuyer ces observations, le Makhzen se décida, en 1898, à envoyer une expédition militaire dans le Rif. On ne vit pas sans un certain étonnement ce Makhzen, qui opposait toujours aux réclamations des nations européennes son impuissance comme prétexte à ne pas intervenir dans le Rif, organiser une expédition qui parcourut les tribus rifaines et décima particulièrement les Baqqouïa avec une telle sauvagerie qu'un grand nombre des habitants de cette tribu s'enfuit en Algérie pour se mettre sous notre protection.

L'autorité du Makhzen semblait donc bien rétablie dans le Rif, lorsqu'en 1900 la révolte de Bou Hamara et les intrigues politico-commerciales qui en furent les conséquences finirent par amener la désagrégation du pouvoir qui a rendu le Protectorat indispensable une douzaine d'années plus tard.

A partir de ce moment l'histoire du Rif se confond avec les événements de la politique actuelle : les intrigues européennes y ont au moins une part égale aux intrigues indigènes ; cela dépasse donc le terrain de nos investigations. Pour terminer ce résumé historique trop long, quoique forcément incomplet, il me reste à vous parler brièvement des influences religieuses dans le Rif ou tout au moins de ce que j'ai pu recueillir à ce sujet.

On sait que l'histoire des Confréries religieuses issues des doctrines mystiques du Çoufisme peut se partager au Maroc en quatre périodes :

1° de Djounaïd à Moulay Abdelqader et à Bou Median El Ghaout, son disciple, du IXe au XIIe siècle ;

2° de Bou Median à Chadili pendant le XIIIe siècle ;

3° de Chadili à Djazouli du XIIIe au XVe siècle ;

4° de Djazouli à nos jours, c'est-à-dire du XVe au XXe siècle.

On ne trouve pas trace de l'enseignement mystique dans le Rif avant Bou Median, et nous avons vu que c'est un de ses disciples, Abou Daoud Mouzaïm, qui paraît avoir le premier apporté au Rif les doctrines du Çoufisme au XIIe siècle. S'il a fondé une confrérie, elle a disparu, mais sa Zaouïa, où se trouve son tombeau, existe encore à l'est de la baie d'Alhucemas, dans le Temsaman. Il a eu des disciples dont les principaux sont Abou Zakariya, Sidi Markad ben Aïsa El Bouloundi, Abou Ibrahim Ismaïl ben Sayid En-Nas et Abou Abdallah Mohammed ben Daunas, qui est enterré chez les Beni Gmil. Il laissa également des enfants et ses descendants ont continué à vivre dans sa Zaouïa. Ce premier courant d'enseignement mystique a contribué à créer dans le pays un culte maraboutique traditionnel qui subsiste sans que, la plupart du temps, ceux qui pratiquent ce culte pour les tombeaux de certains personnages sachent eux-mêmes jusqu'où faire remonter la tradition qu'ils suivent. Nous avons eu il y a quelque temps, à Tanger, la visite de Tolba du Rif qui connaissaient l'existence du *Maqçad Ech-Chérif* sur les saints du Rif et qui, ayant su que nous en possédions une copie, sont venus pour la consulter. Ils l'ont lue avec un certain intérêt et, cependant, il était aisé de se rendre compte que ce n'était pas tout à fait ce qu'ils cherchaient et qu'ils auraient préféré trouver un ouvrage de généalogies chérifiennes qui auraient permis de rattacher à ces saints personnages quelques notabilités rifaines contemporaines. Sans doute, ces Tolba connaissaient la plupart des sanctuaires des personnages énoncés dans le *Maqçad*, mais ils ne représentaient plus pour eux que des tombeaux consacrés par l'habitude plus que par les vertus des défunts ou par l'enseignement qu'ils avaient pu donner de leur vivant. Il ne semble pas que le Chadilisme ait pénétré dans le Rif avant la grande poussée du Djazoulisme provoquée au xve siècle par les conquêtes portugaises. Là, comme partout au Maroc, la célébrité du grand Chaikh Moulay Abdesselam ben Mechich, professeur de Chadili, ne s'est, malgré le voisinage, manifestée que lorsque les doctrines de Chadili ont été répandues par Djazouli et par ses disciples en même temps que les prédications de guerre sainte. Encore, pour retrouver un personnage de l'école de Djazouli, faut-il sortir du Rif proprement dit et aller dans la tribu des Mernisa, où est enterré Sidi Ali ben Daoud qui se rattache à Djazouli par Moulay Boucheta de Fichtala dont il était le disciple. Le tombeau de Sidi Ali ben Daoud est encore très vénéré dans le Rif et il est le but de nombreux pèlerinages. Ce personnage, qui est mort en 1613, était condisciple de Sidi Mohammed El Hadj El Baqqal, élève comme lui de Moulay Boucheta.

C'était à l'époque où le Maroc était très troublé par les luttes entre eux des successeurs d'Ahmed El Mançour. Il y a eu certainement alors une intervention des Zaouias dans le Rif contre les agissements de Mohamed Ech Chaikh El-Mamoun, fils d'Ahmed El-Mançour, qui avait débarqué à Badis avec l'appui des Espagnols contre son frère Zidan. Un mouvement considérable fut provoqué par ce même Mohamed El Hadj El Baqqal et aujourd'hui encore l'influence de la grande Zaouïa des Oulad El Baqqal d'El Harâïq, au nord des Ghezaoua, se fait sentir dans la partie du Rif dont elle est voisine.

La Confrérie Naçiriya a eu certainement dans le Rif une réelle influence et le fameux Moudjahid Ali Ben Abdallah El-Hamami était affilié à cette confrérie ainsi que toute sa famille qui habitait le Temsaman : cette influence existe encore, dit-on, chez les Cenhadja du Rif, particulièrement chez les Oulad Akhamlich des Cenhadja Es-Sraïr. D'après

Moulièras, il y aurait même des reliques de Sidi Ahmed ben Naçar à la Zaouïa de Sidi Yahia, dans les Beni Touzin.

Une Zaouïa, dont l'influence actuelle paraît incontestable, est celle des Chorfa d'Ouazzan de Senada dans les Beni Bou Frah. Elle a été fondée au commencement du XVIIIe siècle par Sidi Abdallah ben Ibrahim, qui porte le même nom que son grand-père Moulay Abdallah Chérif, le fondateur de la Zaouïa d'Ouazzan. Son père, Sidi Brahim Ben Abdallah, est enterré à Ouazzan. Un autre fils de Sidi Brahim ben Abdallah, Sidi Abdeljelil, s'est établi dans les Haouara, où se trouvent encore ses descendants. La Zaouïa de Senada est indépendante de celle d'Ouazzan avec laquelle elle conserve cependant des relations. Sidi Ahmido El-Ouazzani, qui joue un rôle important dans les événements actuels du Rif, appartient à cette Zaouïa. Ce n'est donc pas à proprement parler l'influence de la Zaouïa d'Ouazzan qui s'exerce dans le Rif, mais celle de la Zaouïa de Senada qui, sans doute, provient également du Chadilisme et même de la doctrine de Moulay Abdallah Chérif, mais qui, au point de vue temporel au moins, est un peu une Zaouïa dissidente. En un mot, elle se rapprochera ou s'éloignera de la Zaouïa d'Ouazzan selon les circonstances et selon les avantages matériels qu'elle pourra trouver dans son rapprochement ou dans son éloignement.

Ces divergences de certaines Zaouïas locales avec la Zaouïa principale de leur ordre ne sont pas spéciales à la confrérie d'Ouazzan. On les retrouve d'une façon au moins aussi nette chez les Derqaoua. Actuellement, par exemple, la Zaouïa principale des Derqaoua, dans les Beni Zeroual, résiste au mouvement rifain, tandis que la Zaouïa fondée à Tazgan dans le Ghomara par le Hadj Ahmed ben Abdelmoumen, disciple de Moulay El Arbi Ed-Derqaouï, serait plutôt favorable à ce mouvement ou tout au moins paraît en approuver la forme xénophobe. Les Derqaoua du Rif, qui sont assez nombreux, peuvent se rattacher à l'une des deux Zaouïas, d'où il résulte que l'influence de la confrérie peut être parfois contradictoire selon qu'elle émane de Bou Berrih ou de Tazgan. Il faut rappeler aussi la nouvelle confrérie *Allaouia*, fondée à Mostaganem à la fin de la guerre, par Ahmed ben Moustefa ben Alioua. Cette confrérie a trouvé quelques adhérents parmi les Derqaoua du Rif et on a même voulu y voir une tentative d'action politique française, tandis qu'en réalité il ne s'agissait que d'une manifestation de mystique musulmane appliquée à une tendance d'adaptation au temps présent, qui n'est pas plus particulièrement favorable à une nation européenne qu'à une autre.

On trouve également dans le Rif des Aïsaoua, des Djilala et des Tidjaniya, mais les deux premières de ces confréries n'ont jamais d'influence politique et la troisième, qui est assez aristocratique, ne doit pas compter parmi les populations assez frustes du Rif un grand nombre d'adeptes. En dehors des confréries proprement dites, il y a dans le Rif une famille maraboutique qui jouit d'une grande influence, plus particulièrement, semble-t-il, chez les Cenhadja, c'est celle des Akhamlich ou Akhamrich.

D'après Mouliéras, Akhamlich, au pluriel Ikhemlichen, serait un mot berbère équivalent de l'arabe *Moubarik*, c'est-à-dire béni. Je crois que le pluriel berbère serait plutôt *Ikhmalchen*, mais cela importe peu. Il n'y a de confrérie d'Akhamlich, ni dans le Rif ni que je sache autre part, mais un grand nombre de Zaouïas de ce nom, et il est certain que les Oulad Akhamlich ont parmi les Rifains une situation prépondérante. Ils sont universellement considérés comme chorfa quoiqu'ils soient Cenhadja.

Les recherches que j'ai faites sur les Oulad Akhamlich m'ont amené à me demander s'il y avait au Maroc une seule famille remontant à un même personnage de ce nom ou s'il n'y aurait pas ou, au contraire, plusieurs personnages du nom d'Akhamlich que leurs descendants auraient conservé.

Voici, en procédant par ordre de dates, les résultats de mes recherches :

Parmi les disciples d'Abdelaziz Tebba, disciple lui-même de Djazouli, se trouvait un Cenhadji des Oulad Bou Ziri des Chaouïa, du nom de M'hammed ben Daoud : il est mort entre 1524 et 1533 en laissant trois fils, dont les tombeaux se trouvent dans les Chaouïa : Ahmed Et-Taleb à Guicer, Mohammed El-Kebir chez les Kronta des Oulad Çalih, et enfin Sidi Khamlich dans les Mzab à Ras El-Aïn, où se trouve sa qoubba. Il donna son nom à la fraction des Khemalcha qui compte une cinquantaine de tentes. Sidi Ben Daoud, considéré aujourd'hui comme Chérif Idrisi, a sa qoubba dans le Tadla, près de Ghorm El-Alem. Est-ce sur l'origine chérifienne attribuée à Sidi Ben Daoud que les Akhamlich du Rif basent leurs prétentions au Chérifat? Descendent-ils vraiment de l'Akhamlich, fils de Sidi Ben

Daoud, ou d'un autre Akhamlich ? Il m'a été impossible de le savoir ; ce qui est positif, c'est que les uns et les autres sont Cenhadja.

Depuis Sidi Akhemlich, fils de Sidi Ben Daoud, qui vivait au XIe siècle, jusqu'à nos jours, on ne trouve pas de personnages de cette famille ayant fait parler d'eux. Tout ce que j'ai pu trouver dans la Salouat El-Anfas, c'est un Ali ben Abdelouahed ben Ahmed ben Yahia Akhamlich Eç-Cenhadji, mort en 1856 et enterré à Fès, au Sanctuaire de Moulay Ali Bou Ghaleb, à l'intérieur de Bab El-Fotouh, et Mohammed ben Mohammed El-Hafyan, qui habitait généralement Fès et qui est mort en 1880, dans la tribu des Beni Bou Neçar du Rif, où il est enterré avec son père ; il y a dans cette tribu plusieurs Zaouïas d'Akhamlich. La principale de ces Zaouïas est celle d'El Qantara qui est celle de Mohammed ben Ciddiq Akhamlich ; deux autres se trouvent à Azourdaz et à Teffah. D'après les derniers renseignements que j'ai pu recueillir, les Oulad Akhamlich appartiendraient surtout à la confrérie Nacriya et quelques-uns d'entre eux seraient Tidjaniyn.

Enfin, il y a une vingtaine d'années, il y avait à Fès des Oulad Akhamlich qui habitaient rue Bou Krim, dans le quartier de Zoqaq Er-Romman, une maison leur appartenant ; ces Akhamlich étaient d'origine rifaine et parlaient entre eux la langue du Rif.

Nous avons vu qu'un Akhamlich Mohammed ben Ciddiq, de la Zaouïa d'El Qantara, avait amené, trop tard d'ailleurs, les contingents rifains pour se battre contre les Espagnols, en 1860, et nous savons qu'aujourd'hui un autre Akhamlich, peut-être son fils, joue un rôle important dans les événements du Rif, ainsi que plusieurs membres de sa famille. Il semble bien, d'ailleurs, que le mouvement d'indépendance qui se manifeste actuellement dans le Rif, quoique revêtant une forme religieuse comme la plupart des événements des pays musulmans, est plutôt politique et même, si l'on allait au fond des choses, économique et financier. Les personnages religieux du Rif suivent ce mouvement plus qu'ils ne le dirigent et tâchent d'en tirer profit ou tout au moins de n'être pas submergés par lui.

Je n'ai pas l'intention d'examiner ce mouvement lui-même, d'en rechercher les causes profondes ni les conséquences possibles ; ce que j'ai voulu seulement, c'est établir, par un résumé historique, que le Rif a toujours été une province marocaine plus ou moins mal administrée, plus ou moins en main, comme bien d'autres, mais qui a toujours fait partie de l'Empire du Maroc, sous toutes les dynasties successives ; je puis ajouter, pour terminer, que le Rif, qui est un pays pauvre, a toujours eu besoin du reste du Maroc pour vivre et qu'une indépendance politique qui ne serait pas établie sur une certaine indépendance économique ne pourrait qu'être précaire.

RABAT
IMPRIMERIE OFFICIELLE

www.ingramcontent.com/pod-product-compliance
Ingram Content Group UK Ltd.
Pitfield, Milton Keynes, MK11 3LW, UK
UKHW020216180726
13838UKWH00005B/2031

9 782329 211060